AF563816

MATÉRIAUX

POUR L'HISTOIRE.

Paris.—Imprimerie de G.-A. DENTU, 1 *bis*, rue d'Erfurth.

MATÉRIAUX

POUR SERVIR

A L'HISTOIRE DE L'EXPÉDITION

DE DON PEDRO EN PORTUGAL,

ET DE LA GUERRE ACTUELLE EN ESPAGNE.

Paris.

G.-A. DENTU, IMPRIMEUR-LIBRAIRE,
Palais-Royal, 13, galerie vitrée.

1836.

Avertissement.

Les deux principaux documens dont se compose presque en entier ce Recueil, sont très-probablement inconnus, ou du moins à peu près ignorés en France. Ils ont été d'abord publiés en anglais; leurs auteurs sont des témoins oculaires. Traduits dans plusieurs journaux allemands, c'est sur la *Gazette militaire universelle*, feuille non politique, qui s'imprime à Darmstadt, que nous en avons fait la traduction. Nous attachons à leur publication la même importance que les journaux allemands. Il n'est point inutile de rechercher et de répandre de bons matériaux pour l'histoire, à une époque surtout où l'on s'efforce autant de la défigurer. Ceux que nous produisons nous paraissent dignes de confiance, parce qu'ils se présentent avec tous les caractères de la vérité.

Les *Scènes de la dernière guerre de Portugal* (Journal d'un volontaire anglais) remplissent un grand nombre de colonnes des numéros de la *Gazette militaire* de Darmstadt, des mois de janvier et de février 1836.

L'écrit intitulé : *l'Armée espagnole et les troupes carlistes*, avait été inséré dans les numéros de novembre 1835, de la même feuille, à laquelle nous empruntons de plus une Notice biographique sur le général Cordova.

Nous nous dispensons de reproduire un autre article qu'elle a publié quelque temps auparavant, et qu'elle avait emprunté au journal militaire hebdomadaire de Berlin (*Militar Wochenblatt*), parce que cet article, bien qu'également relatif à la guerre de la Péninsule, n'est autre que la traduction littérale d'un long fragment d'une brochure que nous avons fait imprimer à Paris l'année dernière (1).

La *Gazette militaire universelle* de Darmstadt jouit, dans toute l'Allemagne, d'une réputation méritée. Elle paraît deux fois par semaine. Son programme comprend l'organisation des armées, leurs réglemens, leur tactique, les changemens que leur système éprouve, enfin l'examen des ouvrages militaires. Rédigée par une association d'hommes du métier, rien d'important ne lui échappe de tout ce qui se rapporte à l'art de la guerre dans les différentes parties du monde. Elle se distingue par le choix judicieux de ses matériaux, ainsi que par la saine critique dont souvent elle les accompagne : ceux dont nous donnons la traduction fidèle ne sont pas les moins curieux.

(1) *Quelques mots sur le système de guerre du général Zumala-Carreguy, commandant en chef les troupes de don Carlos.* Paris, 1835, chez Dentu, Palais-Royal.

SCÈNES
DE LA DERNIÈRE GUERRE
de Portugal.

(Journal d'un volontaire anglais.)

SCÈNES
DE LA DERNIÈRE GUERRE DE PORTUGAL (1).

(Journal d'un volontaire anglais.)

I.

Depuis la descente à Oporto jusqu'au commencement de l'année 1833.

Je passe sous silence notre départ d'Angleterre, notre descente aux Açores et la soi-disant orga-

(1) Nous empruntons cette esquisse au journal quotidien *das Ausland* (l'Etranger). Elle peut servir de pièce à l'appui, pour un jugement à porter sur les évènemens marquans de cette guerre, et n'est par conséquent pas sans intérêt, surtout pour les militaires. Il est facile de s'apercevoir que l'auteur doit être un homme revenu de ses illusions. (Note du rédacteur de la *Gazette militaire universelle*.)

nisation que notre corps y reçut, pour commencer mon récit à l'époque où, sans accueil comme sans opposition, nous touchâmes la côte de Portugal. Le 7 juillet 1832 nous arrivâmes devant Villa do Conde, ville située très-près d'Oporto. On résolut d'entrer en communication avec la côte; un de nos principaux officiers fut envoyé à cet effet, et aussi dans l'espoir de déterminer la garnison de la ville à se soumettre. Mais l'officier pédriste pensa être la victime de cette périlleuse entreprise : ayant été accueilli par les cris assourdissans de *viva el Rey! viva nosso bom Rey dom Miguel!* ce ne fut pas sans peine que le commandant de la place parvint à assurer son retour à bord. On eut soin de cacher tout cela aux troupes de débarquement, et on poussa même l'effronterie jusqu'à publier le contraire. La descente fut ordonnée; elle s'effectua le matin du 8 juillet, de très-bonne heure, près de la petite ville de Leça, qui est à un peu moins d'une lieue de Villa do Conde. Les brisans, toujours très-dangereux sur ces côtes, l'étaient particulièrement ce jour-là, et si quelques centaines d'hommes déterminés, avec une seule pièce de canon, s'étaient opposés à la descente, elle serait devenue impossible. Mais les miguélistes ne profitèrent pas de leur position avantageuse, et je me souviens parfaitement que leur négligence fut saluée par nous avec joie comme un heureux présage.

L'ex-empereur avait désiré qu'un régiment portugais pût être le premier à toucher la terre, mais la pétulance de notre petite troupe déjoua ce projet, et un canot monté par le colonel Hodges, commandant du bataillon anglais, aborda le premier. Un jeune officier subalterne, le lieutenant Mitchell, devança cependant le colonel, dont le dépit fut très-visible, et toucha avant lui cette côte sans défense; il est vrai que ce fut par la grâce d'un bain involontaire, car, dans son empressement, il fut jeté à la mer, la tête la première. Je me permettrai néanmoins de faire remarquer que plus tard M. Mitchell s'est particulièrement distingué, et a obtenu le rang de major; il était une honorable exception au milieu d'un si grand nombre d'aventuriers; il se comporta toujours en homme d'honneur, en officier brave et capable.

On nous avait souvent et positivement assurés qu'au moment de notre arrivée, le peuple en masse se déclarerait pour nous; que l'armée, lasse de la domination tyrannique de l'usurpateur, secouerait le joug; qu'une faction méprisable nous opposerait seule une faible résistance, et serait vraisemblablement réduite en poussière au premier manifeste de l'empereur. Mais il n'y eut aucune démonstration en notre faveur; toutes les personnes distinguées et influentes s'étaient enfuies à notre approche. Lors de notre entrée dans Oporto, à peine un *vivat* se fit-il entendre, si ce n'est de la prison, dont les détenus, mis en liberté, furent sommés de se joindre à nous; tous les habitans riches et considérables s'étaient hâtés de quitter la ville; nous vîmes alors clairement qu'on nous avait trompés à dessein.

Cependant nous étions maîtres de la seconde ville du royaume, considérée comme le boulevard de la constitution; néanmoins nos affaires n'avançaient que très-lentement. Incertitude et manque d'énergie signalèrent chaque pas de la régence d'Oporto. Au lieu de marcher en avant et de provoquer dans les grandes villes un mouvement en notre faveur, on perdit le temps le plus opportun en fade cérémonial de cour, en mesquines jalousies, en méprisables intrigues; il n'y eut d'empressement que pour obtenir un emploi imaginaire ou une décoration. Enfin arriva la nouvelle que les miguélistes, sous les ordres du vicomte de Santa Martha, s'avançaient vers nous;

nous sortîmes, en nous dirigeant par la route de Valongo, et nous rencontrâmes l'ennemi le 17 juillet à Peñafiel. Il en résulta une escarmouche insignifiante, l'ennemi se retira, et de notre côté nous reçûmes l'ordre de revenir à Valongo, où eut lieu le 22 un combat de plus de durée, mais également insignifiant; l'action se renouvela le lendemain, et alors nous dûmes nous retirer sur Oporto. Notre perte, dans ces deux jours, fut de quatre à cinq cents hommes; nous ne pûmes qu'évaluer approximativement celle des miguélistes, mais elle fut certainement plus considérable.

L'empereur, comme de coutume, combla d'éloges les troupes portugaises, sans faire la moindre mention des troupes étrangères auxiliaires. Le 5e régiment de chasseurs était surtout l'objet de sa prédilection particulière, et en toutes cirtances ce corps fut loué d'une manière véritablement risible, à tel point qu'il s'attira la haine des autres troupes. A l'affaire de Valongo, il prit la fuite devant les miguélistes; les officiers aussi bien que les soldats cherchèrent un refuge auprès du corps anglais; ils criaient sans relâche : *Halte, caçadores cinco!* (chasseurs du 5e) *halte, caçadores cinco!* ils continuèrent néanmoins leur fuite avec la plus grande précipitation, et le lendemain l'empereur proclama ces héros, ses *valorosos*.

Oporto, pourvu d'une garnison suffisante, peut être considéré comme une des places les plus fortes de la Péninsule; il est presque imprenable. Sa force allait être mise à l'épreuve, et par bonheur pour nous l'épreuve lui fut favorable.

Pendant la guerre de Portugal, je me suis souvent et sérieusement occupé de chercher à résoudre la question de savoir lequel des deux partis belligérans avait été le plus mal dirigé, et je suis toujours resté dans l'indécision à cet égard. On ne peut rien imaginer de plus pitoyable que les généraux de don Miguel, mais les nôtres ne leur cédaient en rien sous ce rapport, car les uns comme les autres se sont montrés absolument incapables de profiter des avantages les plus évidens, ou d'agir avec l'énergie nécessaire selon les circonstances. Si l'entrée des troupes espagnoles en Portugal et l'intervention de l'Angleterre et de la France n'avaient mis fin à la lutte, elle aurait vraisemblablement duré des années.

Après les combats dont il a été fait mention, il y eut plusieurs affaires d'avant-postes insignifiantes. Nos travaux se bornaient alors à renforcer les lignes, à creuser des fossés, à construire des batteries, et à nous rendre aussi inexpugnables que possible. On n'entendit plus de rodomontades, on ne parla plus de l'anéantissement des rebelles; nous étions suffisamment désenchantés, et de tristes pressentimens sur l'issue de la lutte prédominaient dans tous les esprits. Au commencement d'août une partie de nos troupes entreprit une seconde reconnaissance sous les ordres du brave comte de Villaflor, et à Santo-Redondo nous nous mesurâmes de nouveau avec l'ennemi. Tout alla bien au commencement, mais, par une attaque vigoureuse, le général ennemi Povoas mit toute la division en désordre, et une honteuse fuite s'ensuivit; nous abandonnâmes aux miguélistes notre artillerie et nos munitions, et beaucoup des nôtres jetèrent leurs armes pour revenir d'autant plus vîte derrière les retranchemens. C'était le *brave* 5e régiment de chasseurs qui s'était sauvé le premier, et qui fut cause de la malheureuse issue du combat. Tous les efforts furent vains pour rallier les troupes frappées de terreur, quoique Villaflor se soit personnellement exposé au plus grand danger pour y parvenir. Depuis ce moment jusqu'à la tentative de l'ennemi pour enlever d'assaut Oporto, il ne se passa rien d'important, si ce n'est l'attaque très-vive du couvent de Serra. Des détachemens de recrues arrivaient continuellement d'Angleterre pour remplir les rangs éclaircis du corps anglais, ce qui nous rendit, jusqu'à un certain point, de la confiance.

Le 29 septembre, de très-grand matin, les miguélistes marchèrent à l'attaque, et certainement, dans l'histoire, aucune campagne de guerre n'offre plus d'exemples d'héroïsme individuel que le combat de ce jour. Les miguélistes s'avancèrent avec la plus grande résolution; ils déployèrent, depuis le commencement jusqu'à la fin, la bravoure la plus signalée, et je considère comme infiniment glorieux pour le petit bataillon anglais qui, avec les Français, eut à supporter tout l'effort de l'attaque, d'avoir aussi heureusement soutenu le combat, à la vérité dans une position retranchée, mais avec une si grande infériorité numérique, contre un ennemi aussi valeureux. Les sages dispositions du colonel Hodges y contribuèrent beaucoup, ainsi que le sang-froid et l'activité dont il fit preuve pendant toute cette journée. Dans tous les cas la ville dut son salut aux bataillons étrangers. La perte du côté des miguélistes doit avoir été très-considérable, notre artillerie ayant fait un ravage épouvantable dans leurs rangs. Je ferai remarquer à cette occasion que les Portugais sont excellens artilleurs, et qu'il entendent aussi très-bien la construction des retranchemens et des batteries.

Mais la journée ne se passa pas non plus sans une grande perte de notre côté, car nous eûmes plus de six cents hommes hors de combat; les Anglais et les Français perdirent beaucoup d'officiers; les Français en eurent environ trente, morts ou blessés, qui furent rapportés du champ de bataille; le soir du même jour les Anglais ne comptaient que deux officiers qui fussent revenus sains et saufs. Cependant don Pedro fut assez ingrat et assez peu généreux pour calomnier les Anglais, à qui il était redevable du maintien de sa cause et de lui avoir peut-être sauvé la vie, et pour leur reprocher de n'avoir pas fait leur devoir. Je ne prétends pas m'ériger en panégyriste de mes compatriotes dans cette guerre : la troupe était sans contredit composée de canaille (1), mais sur le champ de bataille, ces

(1) Nous trouvons, dans la version allemande, le mot *gesindel*, que l'on ne peut traduire littéralement en fran-

hommes firent leur devoir, et l'heure du danger les trouva toujours à leur poste. Leur insubordination fréquente provint de leur dénuement, car, malgré toutes les promesses, on les laissa en proie aux plus pressans besoins. Les régimens portugais recevaient régulièrement leur solde tous les quinze jours; ils étaient bien vêtus, et on avait soin de pourvoir avec empressement à tout ce qui leur était nécessaire. Les Anglais, au contraire, que l'on avait alléchés en leur promettant la solde anglaise, devaient servir pour quatre pences par jour, et encore cette misérable solde était-elle toujours arriérée de plusieurs mois, et ne fut jamais payée que lorsque la troupe s'insurgeait ouvertement pour l'obtenir. Les pauvres gens étaient presque nuds, sans lits; leurs rations suffisaient justement à prolonger leur existence; et je me souviens qu'un jour d'inspection, quatre-vingts hommes d'un bataillon restèrent à la caserne parce qu'ils étaient absolument sans souliers. Cependant ces hommes à demi-affamés, à demi-nuds, sans chaussures et sans solde, devaient, par les plus mau-

çais que par celui de *canaille* ou de *racaille*, et qui est également la traduction fidèle de l'un ou de l'autre de ces deux mots : *mob* ou *rabble*, dont s'est indubitablement servi l'auteur anglais. (*Note du traducteur français.*)

vais temps, se rendre à des avant-postes éloignés; ils firent cependant toujours volontiers leur devoir. Tant qu'ils vivaient, on les traitait comme des chiens, et quand ils mouraient, c'était aussi comme des chiens qu'on les entassait dans la fosse.

La mauvaise conduite de ces hommes provenait encore en grande partie de l'incapacité absolue de la plupart des officiers. Les officiers subalternes étaient, à peu près tous, de jeunes garçons qui avaient sans doute envie d'apprendre, mais il n'y avait là personne pour les instruire; ceux des grades supérieurs étaient, en grande partie, des gens à réputation flétrie, à mœurs dissolues, et absolument incapables de commander; car les disputes qui s'élevaient entre eux leur faisaient perdre le peu d'influence que leur donnait l'emploi dont ils étaient revêtus. Il faut ajouter à cela que bien peu parmi eux avaient été plus qu'officiers subalternes au service d'Angleterre, et que bien moins encore avaient été capitaines. Il y eut sans doute des exceptions; mais combien y en eut-il? Je dois cependant au colonel Hodges la justice de dire que le bataillon anglais, pendant le temps qu'il fut sous son commandement supérieur, jouit d'une certaine considération qu'il ne conserva pas plus tard. Alors ne régnaient pas cette familiarité triviale, cette confusion des grades qui influent d'une manière si destructive sur la discipline ; tandis que ces habitudes choquantes se manifestèrent ouvertement dans le corps anglais, lorsque celui-ci, par l'arrivée de nombreux renforts, s'augmenta de plusieurs régimens. Lorsque le colonel Hodges quitta le commandement, il fut en butte aux plus basses intrigues, aux inculpations les plus odieuses, et on mit à profit son impopularité aux yeux de la troupe. Celle-ci ne l'aimait certes pas, car le colonel Hodges était un officier très-sévère qui faisait fustiger les hommes sans pitié ; il faut cependant considérer que de simples réprimandes ne servent à rien, quand elles ne sont pas appuyées par des punitions exemplaires.

Le combat du 29 septembre me rappelle plus d'un souvenir effrayant, notamment l'état des hôpitaux et le manque, si déplorable, d'officiers de santé. A Oporto, une blessure était un arrêt de mort. Je ne crois pas exagérer en assurant que, sur quatre amputations, il y en avait trois d'inutiles, et que sur dix opérations, neuf avaient une issue funeste. Les chirurgiens étaient presque tous de jeunes garçons apothicaires qui, quand une opération réussissait, en étaient eux-mêmes les plus étonnés. Les malheureux que leurs blessures ou leurs maladies condamnaient à être transportés dans ces antres de douleurs et d'ordures que l'on appelait *hôpitaux*, quand ils mouraient ne faisaient que changer de tombeau. Leurs cadavres étaient jetés dans des trous à peine assez profonds pour les contenir ; et on vit plus d'une fois, le lendemain de ces déplorables inhumations, leurs restes mutilés gisant à découvert, à moitié dévorés par les chiens affamés qui fourmillaient dans la ville. Souvent, quand j'étais de garde aux hôpitaux, ou quand je parcourais les chambres pour visiter un camarade blessé, j'ai été témoin de scènes à faire frémir d'horreur l'humanité, et dont le seul souvenir me glace encore le sang dans les veines. Si j'entrais ici dans les détails, on se moquerait de mes récits comme des rêves d'un cerveau malade.

L'ennemi était alors continuellement occupé; des lignes furent tracées et les travaux poussés avec une grande activité ; des batteries s'élevèrent au sud du Duero. La disette croissante de vivres fit naître chez nous des inquiétudes fondées, et le blocus nominal se fit sentir en réalité. Parmi les dévastations de diverses sortes, toujours inévitables en pareilles circonstances, la perte des nombreuses bibliothèques des couvens est surtout à déplorer. Lorsque les combustibles devinrent rares à Oporto, j'ai vu jeter au feu des énormes quantités de livres précieux, avec lesquels la troupe faisait cuire ses rations. Les feux auxquels les gardes se chauffaient dans les nuits froides, coûtèrent bien des milliers de volumes, qui furent réduits en cendres au bruit des plaisanteries grossières des soldats, et aux éclats de rire approbateurs de leurs ignorans officiers. Les bâtimens religieux furent complètement dévastés ; ces hommes paraissaient éprouver une joie frénétique à la destruction, et rivalisaient entre eux dans leurs insultes à la religion du pays. On a non seulement à déplorer la perte des livres imprimés, mais une foule de manuscrits précieux et impossibles à remplacer, qui furent anéantis par cette rage de dévastation. Il est généralement connu que les bibliothèques des couvens, en Portugal et en Espagne, renfermaient les plus anciens et les plus précieux manuscrits; et les couvens de la ville, dans laquelle pour son malheur nous étions établis en maîtres, étaient peut-être les plus riches en semblables trésors. Comme jadis ceux d'Alexandrie, ils devinrent la proie des Barbares.

Les officiers étrangers ayant, pour le moment, peu à faire, furent tourmentés par le démon de l'ennui. Les Anglais intriguaient et se querellaient entre eux. Des duels avaient lieu journellement : on quittait souvent la place de parade pour aller, à coups de poings, vider le différend. La rage de se battre était poussée au plus haut degré; cela contribua à chasser l'ennui. Parfois les disputes étaient réellement curieuses. J'ai vu un capitaine se quereller avec son enseigne, et vouloir lui imposer silence en l'apostrophant en ces termes : « Taisez-vous, misérable jeune homme! » A quoi l'enseigne répondit : « Il ne faut pas prendre le ton si haut, capitaine : on sait bien qu'en Angleterre vous parcouriez le pays en montrant des animaux féroces. »

Assurément on rencontrait là un rare amalgame de gens, surtout lorsque plus tard, grâce aux soins des amis de don Pedro, le recrutement prit une plus grande activité, et renforça nos rangs d'une manière sensible. On passa un contrat avec le major Bacon, qui avait la réputation d'être un bon officier d'organisation, et justifia d'ailleurs pleinement les espérances que l'on avait mises en lui. Il avait accepté un commandement de cavalerie; vers la fin d'octobre débarqua un détachement d'hommes de choix pour le régiment qu'il devait commander comme colonel. Peu de temps après, il arriva lui-même avec un plus grand nombre de soldats et de chevaux, et parvint en très-peu de temps, par son infatigable activité, à transformer ses recrues inexpérimentées en un régiment de cavalerie d'assez belle apparence. Quant au choix de ses officiers, il ne montra pas tout à fait la même habileté. Il avait amené avec lui le fils d'un riche mercier anglais, et il lui confia le commandement du 1er escadron, quoiqu'il n'eût jamais été militaire, ce qui, outre plusieurs autres désagrémens, fut cause qu'un lieutenant qui avait servi vingt ans dans l'armée britannique, s'en retourna en Angleterre, parce qu'il ne voulait pas se trouver sous les ordres du chef d'escadron de nouvelle fabrique. Des cas pareils se présentèrent plus d'une fois. L'empereur, enchanté de la promptitude avec laquelle le régiment avait été formé, lui donna le nom de *os lanceiros da Reinha* (lanciers de la Reine) ; le régiment devint l'objet de certaines préférences, et dès-lors il ne manqua pas de candidats qui demandèrent à y entrer.

Vers la fin d'octobre arriva à Oporto l'excentrique (1), mais brave officier, sir John Milley Doyle, accompagné d'environ vingt individus, pour la plupart de très-jeunes gens, destinés à être officiers dans un régiment qu'il croyait pouvoir former sous le nom de *régiment irlandais de Doyle*. Les négociations relatives au recrutement de ce corps furent cependant rompues, et sir John se trouva dans une position très-désagréable vis-à-vis de ses compagnons de voyage, qui avaient espéré obtenir par son influence des places d'officiers. Ces jeunes gens se partagèrent de différens côtés; quelques-uns entrèrent dans les bataillons britanniques; la plupart, pour trouver une occupation immédiate, passèrent comme volontaires dans les lanciers du colonel Bacon, où cependant ils ne restèrent que peu de temps; plus tard ils formèrent, avec vingt-cinq autres jeunes gens qui étaient arrivés avec les mêmes espérances et avaient été trompés de la même manière, un corps de chasseurs volontaires sous le commandement de M. Bentink Doyle, neveu du général. Quelques-uns seulement, se flattant

(1) Ce mot s'écrit à peu près de même en français, en anglais et en allemand. *Excentrique* veut dire ici *homme turbulent*. Voir le *Dictionnaire de Boiste*. (Note du traducteur français.)

toujours que le régiment irlandais parviendrait enfin à se former, préférèrent demeurer inactifs pendant un certain temps, et restèrent auprès de sir John. La régence leur donnait des rations, et il se chargea de leur procurer le logement.

Le mécontentement des troupes auxiliaires, conséquence de promesses non réalisées et de l'état de dénuement dans lequel on les laissait, s'accroissait d'heure en heure, et les désertions à l'ennemi se succédèrent rapidement. Le colonel Hodges avait obtenu pour toutes ses peines la récompense ordinaire à don Pedro, c'est-à-dire l'ingratitude; irrité des mauvais traitemens qu'il avait éprouvés, il résigna son emploi, rendit à l'empereur les insignes de son ordre de la Tour et de l'Epée, et abandonna sa cause pour toujours. Sir John Doyle le remplaça dans le commandement, mais ne le conserva que quarante-huit heures, des difficultés avec les principaux officiers lui rendant désagréable le commandement supérieur.

Une sortie mal combinée eut lieu le 17 novembre, sous la direction suprême de l'empereur, et ainsi qu'il est aisé de se le figurer, n'eut d'autre résultat qu'une inutile effusion de sang. La désertion parmi les troupes étrangères et indigènes s'était à cette époque accrue à tel point qu'il devint nécessaire de prendre des mesures aussi promptes que sévères. Un soldat des caçadores fut arrêté au moment où il allait déserter aux miguélistes; aussitôt condamné à mort, le malheureux fut passé par les armes, le 28 novembre. Deux ecclésiastiques l'accompagnèrent jusqu'au lieu de l'exécution, et donnèrent des consolations à celui qui, peu de jours auparavant, s'était permis toutes sortes d'outrages envers eux et leurs églises. En proie aux plus cruelles angoisses, il tremblait de tous ses membres, son visage était pâle comme la mort, et il ne détournait pas ses yeux du crucifix, qu'il tenait étroitement serré en éprouvant des accès convulsifs. Rien dans la vie n'a fait sur moi une impression plus pénible que cette exécution. De semblables scènes se renouvelèrent souvent, mais je n'ai assisté à aucune autre. On fusilla un jour trois soldats, deux Portugais et un Français : ce dernier ne se laissa pas bander les yeux, et fit une allocution à ses camarades. On fut fort effrayé de l'effet que cette harangue pourrait produire, principalement sur les Anglais, qui ne voulaient absolument pas comprendre que, dans de telles circonstances, la désertion fût un crime qui méritât la mort. Ils prétendaient toujours qu'ils n'avaient pris du service qu'à certaines conditions, et que leur non exécution, ainsi que les mauvais traitemens qu'ils enduraient, leur laissaient pleine liberté d'agir comme ils l'entendraient, soit qu'ils voulussent rester, ou aller rejoindre le parti opposé; il y avait tant de vérité dans leur argumentation, que l'on n'entrait pas volontiers en discussion avec eux à cet égard. Les hommes désignés pour l'exécution furent tellement interdits par le murmure général, que lorsqu'enfin on commanda : *feu!* les condamnés parurent ne pas avoir été touchés, car le Français se releva, et cria tout haut : *Vive la belle France!* mais il retomba aussitôt; une seconde salve, qui suivit immédiatement, mit fin aux souffrances de tous. Jamais un soldat anglais ne fut condamné à mort. Malgré toute la haine que nourrissait don Pedro contre la nation qui soutenait sa cause, il ne tenta jamais une pareille expérience. S'il l'eût osé, une heure après, le drapeau de don Miguel eût flotté haut sur la résidence impériale. et il ne serait resté d'autre alternative à don Pedro que la fuite, la prison ou la mort.

Depuis quelque temps, les enrôlemens étaient poussés en Ecosse avec une activité extraordinaire; près de 700 hommes avaient été réunis. Plus de 400 d'entre eux furent embarqués sur un misérable bâtiment qui fit naufrage sur les côtes d'Irlande, et tous périrent. Le reste ayant été débarqué à Oporto, fut placé sous les ordres du major Shaw, et le corps prit le nom de *fusiliers écossais*. Ce qu'il y eut de singulier, c'est que le plus grand nombre, quoiqu'enrôlé en Ecosse, était Irlandais. Le major Shaw se donna beaucoup de peine pour l'organisation de son régiment; mais rien ne peut être comparé à la conduite crapuleuse et insubordonnée de cette troupe dans les premiers temps de sa formation. Un major Cameron avait été placé, sous le major Shaw, dans ce régiment, et une aventure qui lui arriva, prouve combien les traditions des clans ont encore de pouvoir sur l'esprit des Ecossais. Les soldats ayant reçu un peu d'argent, étaient, plus que de coutume, ivres et disposés au désordre. Un entre autres voulut frapper le major Cameron. Celui-ci le prit par le collet, et le soldat de s'écrier dans son dialecte écossais : *Wha the deil are ye, mon?* (quel diable êtes-vous donc?)—Je suis un Cameron de Lochiel, dit le major. A l'instant l'emportement de l'homme se calma. Quoique dans l'état le plus complet d'ivresse, il devint tout à fait raisonnable; il déclara qu'il allait obéir, et que si le major l'ordonnait, il le suivrait par toute la terre. Il s'appelait aussi *Cameron;* et le major était, si je ne me trompe, un fils posthume de cette maison ancienne et considérée; il ne resta pas long-temps au service de don Pedro, mais assez néanmoins pour se distinguer honorablement.

Au commencement de décembre, les lanciers avaient fait de si rapides progrès dans leurs exercices, qu'ils attirèrent sur eux les regards de l'empereur, qui annonça l'intention de passer, le 17, la revue de ce régiment. Cette inspection eut lieu sur la place du Séminaire, et fut tout à l'avantage des lanciers. L'empereur donna des éloges au zèle du colonel Bacon, à l'aptitude de ses officiers, et complimenta la troupe sur sa bonne tenue; aussitôt on fit connaître que le lendemain l'empereur honorerait de sa présence la table du régiment. Une circonstance particulière augmenta la faveur dans laquelle les officiers du régiment de lanciers étaient auprès de l'empereur. Sir John M. Doyle, adjudant de Sa Majesté Impériale, bientôt après son arrivée, s'était le premier contenté pour ses services de la même solde que recevaient les officiers portugais, et qui était de

2 livres sterlings et demi par mois, pour tous les grades, le surplus ne devant être payé qu'après la guerre terminée. Cet exemple avait été suivi par les officiers de lanciers, et c'était vraisemblablement la cause des préférences particulières dont ce régiment était l'objet. On fit de grands préparatifs pour la réception d'un hôte aussi illustre et de sa suite affamée. Une garde d'honneur, consistant en un détachement de lanciers à pied et une compagnie d'infanterie du bataillon du major Brownson, devait accompagner Sa Majesté jusqu'à la salle du banquet, et la musique du régiment, composée de deux trompettes, fut placée au bas de l'escalier pour annoncer l'approche du brillant cortége. La soirée se passa fort bien, l'empereur fut extraordinairement affable et badin; mais, pendant tout le repas, il ne parla que français, langue que comprenaient très-peu des assistans, et ce furent précisément ceux qui ne la comprenaient pas, qui applaudirent le plus ses plaisanteries. Cette attention de l'empereur pour le régiment de lanciers excita la jalousie des autres corps et flatta infiniment les lanciers.

L'état des finances de don Pedro n'était pas des plus florissans, mais il avait trouvé un excellent moyen de les améliorer dans l'occurrence, en faisant des emprunts au peu de négocians portugais qui avaient été assez fous pour rester dans la ville. Le plan sur lequel ces *emprunts* étaient conçus, se distinguait par son admirable simplicité. On dressa une liste de tous les habitans à qui on supposait de la fortune, et à côté de leurs noms, on inscrivit la somme que don Pedro *les priait de lui prêter*. On peut penser que les réquisitions étaient presque généralement acquittées, attendu que la prison, les chaînes, le pain et l'eau, et un décret de confiscation étaient la conséquence d'un refus. Quelques cas de résistance opiniâtre se présentèrent, alors les peines furent appliquées dans toute leur rigueur, et plusieurs personnes moururent en prison. Lorsque les malheureuses et innocentes familles des récalcitrans étaient traitées brutalement par les soldats, sur qui tombait le dommage? N'était-ce pas sur des miguélistes? Je puis difficilement me persuader que S. M. l'empereur, le sauveur de la liberté, le défenseur du gouvernement constitutionnel, ait eu recours *à la torture*, mais cela fut cependant cru et affirmé généralement à Oporto. On peut juger d'après cela de quelle nature étaient les contributions *volontaires* des habitans d'Oporto, tant admirées par les journaux anglais.

Peu avant la fin de janvier arriva un nouveau bataillon, commandé par le colonel Cochrane, qui voulait lui donner son nom. M. Cochrane, à ce qu'il paraît, avait enrôlé ses hommes à ses propres frais, se confiant dans la quasi-promesse des agens portugais en Angleterre, non seulement qu'il serait colonel du bataillon levé, mais aussi qu'il en nommerait tous les officiers. La régence de don Pedro ne tint pas plus compte de ces engagemens que des autres. Lorsque la troupe eut débarqué, don Pedro ne voulut reconnaître ni lui ni les officiers qu'il avait nommés, et attira les hommes à son service par des promesses qu'il ne remplit pas et n'avait jamais eu intention de remplir. On était généralement prévenu, à Oporto, contre M. Cochrane : pourquoi? je n'ai jamais pu le savoir; mais M. Cochrane pouvait considérer comme des éloges les calomnies qu'on répandit contre lui. Quelques officiers, qu'il avait amenés, furent admis plus tard au service, et justifièrent, par leur conduite, le choix judicieux de Cochrane. Nous fûmes aussi renforcés d'un régiment irlandais, commandé par l'infortuné colonel Cotter, qui tomba frappé d'un boulet le jour de l'attaque de Bourmont. Le colonel Cotter avait servi au Brésil sous don Pedro : instruit par l'expérience, il trouva le moyen, aussitôt après le débarquement, de toucher la solde de ses officiers, qu'on avait promis de leur payer d'avance.

On ne se figure pas quelles singulières espèces de gens s'étaient comme donné rendez-vous à Oporto. Un ci-devant condamné pour crime à la déportation faisait partie de l'état-major d'un régiment; d'autres avaient subi plus ou moins de temps de travaux forcés, et tous ces gens-là étaient précisément ceux qui avaient le plus de morgue. Celui qui fit le plus de bruit fut un jeune homme entré comme volontaire dans le bataillon du major Sadler. Il prétendit avoir deux frères et deux sœurs possédant chacun 70,000 livres sterlings, dont ils avaient hérité d'un oncle fort riche, mort aux grandes Indes. Il ajoutait que son frère aîné était membre du parlement, et que, quant à lui, ayant désiré voir de ses propres yeux la lutte de Portugal, il y était venu tout exprès. Peu de jours après son arrivée à Oporto, il vint déclarer au major Sadler que quelqu'un était entré dans sa chambre et lui avait volé un sac contenant 600 souverains d'or. On ajouta foi généralement à l'histoire, et on plaignit beaucoup le malheureux jeune homme : il avait l'air extrêmement modeste; et tout le monde fut tellement trompé sur son compte, que peu de gens s'en tirèrent sans avoir été ses dupes. Plusieurs hommes de sa trempe le furent également, parce qu'ils l'avaient pris pour un niais : ils le forçaient d'acheter, souvent pour le double de leur valeur, des épaulettes, des montres, des sabres, etc., qu'il payait largement en traites sur son banquier à Londres; tout poisson lui était bon, quand il se prenait dans ses filets.

La régence elle-même se laissa aussi mystifier par lui; il eut l'effronterie de lui proposer de lever mille hommes à ses frais. Cet appât produisit son effet, et le nouvel officier de recrutement fut extrêmement généreux dans ses promesses. Le pauvre major Sadler espérait être colonel du corps; le fripon ne gardait pour lui qu'une place de major; quant aux embryons qui se proposaient pour capitaines, ils étaient innombrables. Il parvint réellement à se faire escompter ses traites par les négocians anglais; et lorsque son plan fut arrivé à maturité, il prit gracieusement congé de ses dupes, en leur disant que des lettres d'Angleterre, lui apprenant la maladie mortelle de son frère aîné, des intérêts de famille le forçaient de partir sur le champ. Il est inutile d'ajouter que toutes ses lettres-de-change revinrent protestées avec ces mots : *Trassant; inconnu*. Le nombre des personnes à qui il avait escroqué différentes sommes, se monta à plus de trente.

Le colonel Williams, homme d'un caractère irréprochable, un des officiers les meilleurs et les plus distingués de l'armée, faisait une honorable exception parmi les colonels et majors anglais de l'étoffe ordinaire de ceux qui servaient Sa Majesté très-fidèle. Dans toutes les occasions, il défendit les réclamations de ses pauvres subordonnés, au détriment manifeste de ses propres intérêts, et tout à fait en opposition avec la manière habituelle de procéder des autres chefs de corps. A la fin de la guerre, les officiers qui avaient servi sous ses ordres lui présentèrent une épée, en témoignage de leur considération et de leur reconnaissance pour son honorable conduite pendant le temps qu'il se trouva à leur tête.

Au commencement de l'année 1833 arriva le général Saldanha avec le général Stubbs, et tous deux reçurent à l'instant même des commandemens. Peu après arriva le maréchal Solignac; il fut aussitôt placé à la tête de l'armée libératrice.

II.

Commandement du maréchal Solignac.

Dès son arrivée, le maréchal Solignac ayant été nommé au commandement suprême de l'armée libératrice, un grand changement en mieux ne tarda pas à se manifester. Solignac était infatigable, et il trouva certes assez à faire; une nouvelle répartition défensive des troupes et une meilleure organisation de toute l'armée furent les premiers et très-prompts résultats de ses efforts, tellement qu'on se livra à la flatteuse espérance de voir se raviver la cause constitutionnelle, presqu'entièrement ruinée par les sottes mesures qui avaient précédé l'arrivée de Solignac, et qui presque toutes provenaient de la grossière ignorance et du capricieux entêtement de don Pedro.

Depuis le moment de l'arrivée du maréchal Solignac, nous étions tenus continuellement en haleine par des bruits d'attaques projetées de l'ennemi et de sédition de nos propres troupes, lorsque le matin du 24 janvier, après avoir passé une partie de la nuit sous les armes, l'ordre fut donné de nous tenir prêts pour une attaque de vive force sur Monte-de-Castro, où commandait un des plus braves généraux de l'ennemi, le fameux Telles Jordao, dont le nom était célébré dans les chansons populaires, et qui exerçait une influence magique sur ses subordonnés. Les batteries ouvrirent leur feu et l'attaque commença au même instant, à midi, sur toute la gauche de notre ligne; le champ de bataille embrassait toute l'étendue du terrain entre Lordello et Foz, tandis que, sur tout le restant des lignes, il ne s'engagea que de légères escarmouches entre les avant-postes. L'ennemi fut pris au dépourvu sur tous les points. Avant de pouvoir se rassembler et se mettre en ordre, il perdit beaucoup de monde, et bon nombre de prisonniers tombèrent entre nos mains. Le plan du maréchal était parfaitement conçu; il fut secondé avec zèle et habileté par les officiers commandant sous ses ordres, et aurait certainement obtenu de grands avantages, si trois incidens désagréables n'eussent rendu inutiles nos premiers succès; incidens qu'il était impossible au maréchal de prévoir, et qui ne pouvaient survenir que dans notre armée libératrice.

Le point capital de notre attaque était à gauche de Monte-de-Castro; Solignac en chargea le major Brownson, commandant le second bataillon anglais; les avant-postes miguélistes furent repoussés, un monticule en avant de leur front fut enlevé après une courte résistance; une fois en train, les Anglais culbutèrent tout devant eux, et ne furent arrêtés que par les murailles d'un petit fort, que l'on nomme, je crois, le château de *Quejo*. C'était principalement contre ce château que l'attaque était dirigée, parce que son occupation nous aurait permis d'étendre notre ligne le long du rivage, et procuré un point sûr de débarquement pour les troupes et les approvisionnemens, ce qui était pour nous de la plus haute importance. Le major Brownson devait enlever le fort d'assaut, et à cet effet, être pourvu d'échelles par le gouverneur du château de Foz, qui était, avec ses troupes, derrière les Anglais. Lorsqu'on demanda ces échelles, cet indispensable attirail pour tenter un assaut *avait été oublié;* il fallut en conséquence suspendre l'attaque. La flotte de son côté devait agir simultanément avec les troupes de terre, et canonner le château; mais malheureusement une révolte avait éclaté à bord, ce qui arrivait ordinairement une fois par semaine. L'amiral avait assez à faire de calmer la rébellion de ses jaquettes goudronnées; et la flotte se montrant trois heures trop tard, engagea une canonnade devenue tout à fait sans utilité.

Sur ces entrefaites, le major Brownson se dirigea à droite vers un petit village; il en chassa l'ennemi après un combat sérieux, et s'y maintint jusqu'à l'entrée de la nuit; mais ne recevant aucun ordre, et les clairons miguélistes se faisant entendre en avant et autour de nous, il dut l'abandonner. Le motif pour lequel il ne lui était parvenu aucun ordre ne tarda pas à être connu.

Dans les environs de Lordello, à l'aile droite, un combat très-vif s'était engagé, et sur la fin du jour les miguélistes durent plier, après une résistance opiniâtre. Alors le maréchal ordonna à la réserve, commandée par le général Brito, de se porter en avant, tandis que lui-même pousserait avec vigueur l'ennemi en retraite. Ce mouvement aurait achevé la défaite des miguélistes; mais le général Brito reçut en même temps un contre-ordre de don Pedro, et alors Solignac se trouva compromis, avec le tiers de nos troupes, devant la force principale de l'ennemi; elles se sauvèrent en hâte derrière les lignes, en éprouvant de grandes pertes, et on ne recueillit aucun des résultats que l'on s'était promis en exécutant la sortie. Notre perte en ce jour fut de plus de cinq cents hommes, et alors il n'était pas indifférent pour nous d'en éprouver de pareilles.

Lorsque le maréchal eut appris la cause de la désobéissance à ses ordres du général Brito, il entra dans une violente colère; et si on ne fût parvenu à l'apaiser, il se serait à l'instant même démis du commandement; néanmoins il s'exprima publiquement, dans les termes les plus vifs, sur le compte de l'empereur, qui dut supporter en silence la manifestation du ressentiment unanime qu'excitait une si étrange intervention dans les dispositions ordonnées par le général en chef. Ceci n'est qu'un seul des nombreux exemples que l'on pourrait citer, pour prouver combien l'insupportable vanité et l'égoïsme de l'illustre libérateur nuisaient à sa cause. Sa haine contre les Anglais se montra de nouveau dans le bulletin de l'affaire; il y était à peine fait mention des troupes auxiliaires anglaises, tandis que les services des Portugais étaient pompeusement exaltés dans une demi-douzaine de colonnes de la Gazette.

Peu après ce combat, parut un ordre du jour qui répartit l'armée de la manière suivante. La 1re division, sous les ordres du comte de Villaflor, nouvellement nommé duc de Terceire, se composait de la brigade Schwalbach (6e régiment d'infanterie de ligne, 2e et 12e régimens de chasseurs); de la brigade du colonel Xavier (5e de ligne et 5e régiment de chasseurs), et de celle du brigadier Brito (9e de ligne, le régiment des volontaires de dona Maria II et les lanciers); enfin, en artillerie, de trois pièces de montagne, deux pièces de 3, deux de 6, et deux obusiers de 5 pouces et demi. — La seconde division, sous les ordres de Saldanha, était composée de la brigade du colonel Pacheco (10e de ligne et 3e régiment de chasseurs), de celle du colonel d'Eça (3e et 18e régimens d'infanterie de ligne), et de celle du colonel Fonseca (1er, 2e et 3e régimens de volontaires, les volontaires du Minho et le 10e régiment de cavalerie); l'artillerie était la même que celle de la 1re division. — La 3e division, sous les ordres du général sir Thomas Stubbs, se composait principalement des troupes étrangères, les Anglais sous le brigadier Zagallo; et sous le général Froment, les troupes auxiliaires étrangères non anglaises, le 11e régiment de cavalerie, deux pièces de 6, quatre pièces de 9, deux obusiers de 5 pouces et demi et toute l'artillerie de réserve. Le brigadier Cabreira était inspecteur de l'artillerie, des batteries, etc.

Grâce aux efforts de Solignac, nous étions enfin parvenus à un certain ordre, et nous nous remettions de la triste confusion dans laquelle nous avaient jetés les bizarreries du génie militaire de don Pedro, qui jusqu'alors n'avaient été soumises à aucun frein. Je crois, en vérité, qu'avant que Solignac eût été investi du commandement, aucun de messieurs les donneurs d'ordres du palais n'aurait pu dire le nombre des régimens et encore moins à combien de milliers d'hommes se montaient nos forces.

Ayant échoué dans notre tentative pour nous procurer un point sûr de débarquement, la disette se fit sentir d'une manière très-rigoureuse, et les chevaux de la cavalerie ne furent bientôt plus que de vrais squelettes. Des détachemens furent envoyés dans toutes les directions, en-dedans de nos lignes, pour couper toutes les broussailles croissantes éparses dans leurs environs; on les broyait et on les donnait aux chevaux en place de fourrage, le foin et les grains manquant absolument. En Portugal on sème peu d'avoine, et le fourrage des chevaux, dans les provinces du Nord, est le maïs et sa paille. Le maïs est aussi la principale nourriture du peuple, et le pain fabriqué avec cette farine, tant qu'il se conserve encore frais, est un aliment aussi agréable au goût que substantiel. Le manque de fourrages pour les chevaux était alors, pour les plus pauvres habitans de la ville et des environs, un fléau plus insupportable peut-être que toutes les autres calamités de ce long siége. Des troupes de cavaliers sortaient, avec ou sans autorisation, tantôt d'un côté, tantôt d'un autre, pour chercher du maïs, que les paysans tenaient caché, car c'était leur unique substistance, et quand on en pouvait trouver, on le leur enlevait sans pitié. Menacé de mourir de faim ainsi que sa famille, l'habitant opposait-il de la résistance aux pillards, son affaire en devenait plus mauvaise, car on avait alors un prétexte, non seulement pour tout lui prendre, mais encore pour traiter avec brutalité lui et les siens. Souvent des monstres à figure humaine, quand ils étaient ivres, assassinaient cruellement le malheureux paysan. Souvent j'ai vu de mes yeux enlever son dernier repas à une famille affamée, sans pouvoir lui prêter assistance, car l'humanité était taxée de faiblesse et n'était pas tolérée dans cette armée libératrice.

Le mécontentement des Anglais augmenta avec la disette, la rigueur de la saison et le manque d'objets d'habillement, principalement de souliers; et comme en outre leur modique solde était complètement arriérée pendant des mois entiers, il s'ensuivit des actes d'insubordination tellement fréquens et graves, que la sûreté d'Oporto en fut plus d'une fois compromise. Un jour notamment, un des quatre régimens anglais, commandé par le major Popham Hill, et en garnison au château de Foz, refusa de relever les postes extérieurs, et même tout service quelconque, jusqu'à ce qu'on eût fait droit à ses plaintes. La régence envoya aussitôt le major Brownson avec son régiment sur le lieu du tumulte ; celui-ci à son arrivée trouva tout dans le plus grand désordre, les officiers du corps du major Hill ayant en vain essayé d'apaiser les séditieux, et ceux-ci, exaspérés au dernier point et en partie ivres, menaçant de leur vengeance quiconque s'aviserait d'intervenir. Le major Brownson voyant la nécessité de mesures décisives pour empêcher cet exemple contagieux de trouver des imitateurs, entra, avec deux ou trois officiers qui n'avaient pas voulu le laisser aller seul, dans le quartier des révoltés ; il promit d'écouter leurs plaintes et de faire tout ce qui dépendrait de lui pour les satisfaire, pourvu qu'ils consentissent à rentrer immédiatement dans le devoir. A peine avait-il prononcé son premier mot, que plusieurs des meneurs dirigèrent sur lui leurs armes ; un d'eux lâcha la détente, mais son fusil rata, et avant qu'il eût le temps de faire usage de sa baïonnette, le major Brownson lui appliqua sur la tête un coup de sabre qui l'étendit par terre. Cette action énergique ne manqua pas son effet ; l'habitude de l'obéissance reprit le dessus; l'ordre de former les rangs fut exécuté à l'instant même, et la troupe se mit en marche, sans faire entendre aucuns nouveaux murmures, pour la caserne de Santo-Ovidio, le précédent quartier du major, sous les ordres de ses propres officiers. Ce service important rendu par le major Brownson passa aussi inaperçu, et sa conduite courageuse ne lui valut pas même un remerciement.

Les mauvais traitemens que l'on ne cessait de faire éprouver à ces hommes trompés dans leurs espérances, obligèrent enfin le colonel Williams à se rendre auprès du maréchal français, pour lui soumettre des représentations et le prier d'y faire droit. Le maréchal Solignac ne démentit point en cette circonstance l'opinion qu'on avait de lui. Il traita rudement le colonel Williams, et lui dit qu'il avait 10,000 baïonnettes pour mettre les Anglais à la raison, s'ils se révoltaient encore. Cette menace du maréchal n'aurait pas été facile à réaliser, car les troupes auxiliaires françaises et anglaises étaient si unanimes dans leurs plaintes, et il régnait entre elles une si bonne intelligence, qu'au premier moment où on aurait voulu sévir contre les unes, les autres se seraient réunies à elles pour repousser la force par la force.

Le château bien fortifié de Foz commande la barre d'Oporto ; mais sur la rive opposée du Duero s'étend, en remontant au loin le fleuve, un banc de sable nommé *la Pointe de Cabodello*. Une petite redoute avait été construite près du rivage par les miguélistes; elle était armée de quelques pièces de campagne qui, avec l'aide d'un certain nombre de chasseurs, interceptaient absolument le passage. Cette redoute, ainsi que deux fortes batteries placées sur les hauteurs à proximité, faisaient un feu continuel sur le château et sur la ville, et celle-ci fut bientôt, de ce côté, transformée en un monceau de ruines. Stimulés par l'attrait de grandes récompenses, beaucoup d'hommes tentèrent, dans l'obscurité des nuits, de franchir la barre, et allèrent chercher des provisions sur les vaisseaux stationnant endehors. Ils étaient à la vérité toujours protégés par un feu très-vif du château et d'un détachement d'infanterie embusqué sur la rive; mais plusieurs payèrent de leur vie ces tentatives. Le château de Foz devint aussi le point principal de la défection; beaucoup d'Anglais désertèrent, parce que, de là, il était très-facile de passer à l'ennemi. Les soldats miguélistes y provoquaient continuellement nos gens; se tenant à une distance où ils étaient en sûreté, ils leur montraient d'énormes morceaux de viande, appât bien attrayant pour des hommes affamés, qu'aucun lien particulier n'attachait à leur service actuel. Le général en chef des miguélistes était alors le vicomte de Santha-Martha, qui paraît être un militaire brave et expérimenté; mais avant la fin de mars, il dut céder la place au comte de Sao Lourenço, ami personnel de don Miguel, et que soutenait toute la noblesse portugaise.

Le spectacle le plus révoltant qu'offrait cette guerre fratricide et dénaturée, était le traitement que l'on faisait subir aux prisonniers. On les attachait l'un à l'autre avec de lourdes chaînes tenant à des colliers; on les habillait en serge rouge, afin que les miguélistes pussent les prendre pour des soldats anglais, et on les faisait travailler jour et nuit aux retranchemens, sous le feu le plus vif de l'ennemi; ils tombaient ainsi, par centaines, sous les coups des hommes de leur parti. On voyait souvent des groupes de ces malheureux revenant de leur travail et portant, comme ils le pouvaient, trois ou quatre de leurs camarades horriblement mutilés ou luttant contre la mort; *et ils étaient néanmoins toujours enchaînés!* L'invention de ce vêtement rouge appartient à don Pedro même, et prouve ses inclinations barbares. Un jeune homme fut un jour durement admonesté pour s'être permis quelques remarques au sujet de cette ruse inhumaine, et fut long-temps considéré comme suspect parce qu'il avait mis une pièce d'argent dans la main d'un de ces malheureux exténués.

Don Pedro était un homme de belle prestance, bien bâti, et dont l'extérieur annonçait une force extraordinaire; sa taille était de cinq pieds neuf pouces (anglais); sa figure était belle, quoiqu'un peu marquée de petite vérole, mais une empreinte d'astuce, et un rire sardonique dont il avait contracté l'habitude, donnaient à sa physionomie une expression de malveillance qui ne s'adoucissait pas quand on l'entendait parler, car il avait un son de voix extrêmement dur et désagréable. On ne pouvait lui refuser du courage personnel, et pendant le siége il s'exposa fréquemment au danger le plus imminent; ordinairement il se tenait pendant l'action dans les batteries les plus avancées; et comme il était habile artilleur, il pointait souvent lui-même les pièces : plusieurs fois des hommes furent tués à ses côtés.

Le 3 mars, l'ennemi fit une attaque sur le couvent de Serra; mais ce n'était qu'une feinte, car son but réel était la route de Lordello, considérée comme la partie la plus faible de nos lignes, et où avaient été placés les Ecossais. Aussi, au couvent de Serra, le combat fut-il de courte durée, attendu qu'il devait seulement servir à masquer le véritable point d'opération. Le lendemain, l'ennemi nous attaqua à Lordello, Matiazett et sur toute notre gauche, avec des forces si imposantes qu'il obtint, pendant quelque temps, des avantages près de Pastelleira. On s'est fait une idée très-fausse des soldats et des officiers miguélistes; on les a continuellement représentés comme des ennemis méprisables, dont une poignée d'hommes suffirait toujours pour repousser les attaques; rien n'est plus inexact. D'abord, les forces de don Pedro n'ont jamais été aussi insignifiantes qu'on s'est plu à le répandre, car, à compter de la fin de janvier 1833, elles ne furent jamais au-dessous de 10 à 11,000 hommes, dans l'intérieur des lignes très-fortes d'Oporto. Il n'est pas nécessaire de rappeler les avantages naturels de la position d'Oporto; on sait que cette place est une des plus fortes du Portugal; des hauteurs qui l'environnent (1), elle commande une vaste

(1) L'auteur aurait dû ajouter, pour être plus clair, que

étendue de terrain plat et ouvert, par lequel l'ennemi doit s'avancer pour attaquer. Les Portugais sont d'excellens artilleurs. Nos batteries étaient nombreuses, et tous les chemins qui conduisaient à la ville étaient sous le feu de canons du plus gros calibre. Dans toutes les circonstances, les miguélistes ont combattu bravement; mais ils étaient, surtout quant aux officiers des hauts grades, pitoyablement commandés. J'ai eu souvent occasion d'être témoin de leur courage impétueux dans les attaques; leurs officiers étaient les premiers à entrer dans les tranchées, et les derniers à en sortir. Il est également à remarquer que les forces principales de don Miguel consistaient en nombreux corps de volontaires, pour la plupart levés par la noblesse du pays sur ses domaines, équipés et payés, mais malheureusement aussi commandés par elle, et que le dévouement avec lequel elle se sacrifiait, ainsi que sa bravoure, devenaient inutiles, par le manque absolu de discipline. Les plus vaillans hommes du Portugal succombèrent devant Oporto, et leurs

ces hauteurs font partie du système de défense de la place, et sont comprises dans les lignes; autrement elles commanderaient la place, au lieu de servir à sa défense.

(*Note du traducteur français.*)

corps remplirent ses fossés. C'est un fait complètement avéré que, dans une des attaques sur Oporto, tous les chefs des régimens commandés pour cette opération furent emportés du champ de bataille, morts ou grièvement blessés; se montrant à cheval, en grand uniforme, à plusieurs pas en avant de leurs troupes, ils servirent principalement de point de mire à nos chasseurs.

Le 4 mars, le régiment écossais, aux ordres du major Cameron, soutint la principale attaque. Dans la défense de Casa-Amarella, petite redoute assaillie à plusieurs reprises par les miguélistes, périt un jeune officier nommé *de Burgh*, atteint d'une balle à la tête. Il trouva une sépulture militaire sur le lieu même où il avait été frappé. Une simple pierre placée par ses compagnons d'armes, indique sa tombe. Dans le rapport officiel de ce combat, les troupes auxiliaires étrangères furent de nouveau presque totalement oubliées; affront que la troupe ressentit vivement, et qui ne contribua pas peu à ses mutineries ultérieures.

Le 12 mars, nous éprouvâmes une grande joie de l'arrivée du colonel Cotter avec un régiment irlandais très-nombreux, entièrement équipé et bien composé en officiers. Aussitôt que cette troupe eut été d'avance payée de sa solde, le colonel Cotter fut nommé brigadier, et envoyé au château de Foz. Dans la nuit du 13, ou plutôt dans la matinée du 14, l'ennemi surprit à l'improviste nos piquets à Lordello, pénétra dans les moulins, enleva quelques mulets, du grain et de la farine, et incendia les moulins; il se retira ensuite, heureusement pour nous, sans entreprendre rien de plus. Nous perdîmes quelques hommes, et ce petit incident eut pour conséquence avantageuse que nos avant-postes se gardèrent désormais avec plus de vigilance.

A notre droite et en dehors de nos retranchemens, nous avions construit sur la hauteur d'Antas une redoute qui nous mit en mesure d'étendre nos piquets sur un terrain jusqu'alors considéré comme neutre. L'ennemi résolut de nous en chasser; le 24 mars au matin il se présenta brusquement, repoussa les avant-postes, enleva la redoute avant que les renforts pussent arriver, et en opéra la destruction. Il s'ensuivit une action générale, en-dehors de nos lignes, dans laquelle presque toutes les troupes étrangères furent engagées; cette fois les miguélistes ne nous étaient que peu supérieurs en nombre, et cet avantage fut aussi bien amplement compensé par le feu meurtrier de nos batteries. Le major Sadler se porta en avant, avec le 1er bataillon anglais, contre un régiment de chasseurs ennemi, mais il tomba mortellement blessé, et ses hommes se mirent en désordre. Le colonel Williams essaya de les rallier, mais en vain, et la confusion était si grande que nos propres batteries tirèrent sur nos troupes, heureusement sans leur faire éprouver de pertes. Le prompt mouvement en avant du major Brownson, avec le 2e régiment, rétablit les affaires; les troupes dispersées se rallièrent et forcèrent, à la baïonnette, les miguélistes à la retraite. Ce fut là que le capitaine Wright, du 2e régiment, tomba blessé à mort, et je cite l'exemple de ce militaire comme une réfutation incontestable des pompeux éloges décernés par la presse soldée à la loyauté du parti pédriste. Le capitaine Wright a laissé une veuve et une nombreuse famille auxquelles on n'a point encore payé, jusqu'à cette heure, l'arriéré de solde qui lui était dû; et je crois que les parens de tous les autres officiers qui ont succombé au service de don Pedro se trouvent dans le même cas, à l'exception de ceux du lieutenant Crotty, qui fut lâchement assassiné par un soldat du misérable corps de Lisbonne, formé de compagnons tailleurs et gantiers, et que l'on appelait le *corps du commerce*.

Le combat du 24 mars fut très-chaud, et se termina par la retraite des miguélistes, qui avaient atteint leur but par la destruction de la redoute : leur intention n'était pas de la conserver; en cinq minutes, nos batteries eussent réduit en poussière tout ouvrage de fortification construit à une telle proximité. Un mouvement sur la gauche de la route de Valongo prit en flanc l'ennemi, qui ne s'en était pas aperçu; nos régimens attaquèrent en même temps de front, et les miguélistes furent contraints à une prompte retraite. On fit ici, pour la première fois, mention des services du corps anglais, et avec de grands éloges; mais aussi ces éloges furent chèrement achetés, car le champ de bataille était couvert de cadavres. Toutefois, le rapport officiel porta notre perte à cent trente-deux hommes hors de combat, y compris un officier supérieur et onze officiers subalternes; mais nous eûmes environ six cents hommes tués ou blessés. L'ennemi aussi doit avoir considérablement souffert, car on se servit dans cette journée de fusées à la Congrève, qui firent beaucoup de ravages.

J'ai déjà parlé plus haut de l'état affreux des

hôpitaux ; un petit hôpital, organisé spécialement pour les lanciers, faisait cependant une exception. La cavalerie était plus régulièrement payée, et soumise à moins de fatigues; il en résultait que cet hôpital n'était jamais très-rempli. Du reste, on pourra voir par ce qui suit comment étaient soignés les malades. Au-dessus du lit de chaque patient pendait un écriteau indiquant la maladie, le traitement, et la nourriture jugée nécessaire. A cette époque, les rations étaient considérablement réduites, à cause de la disette extrême, car elles ne consistaient par jour, pour un homme en activité de service, qu'en deux onces de poisson salé, quatre onces de riz, et pas tout à fait un biscuit. Cependant, le régime des malades était toujours indiqué, selon la coutume habituelle; on inscrivait au-dessus de l'un : *Portion entière;* au-dessus d'un autre : *Demi-portion;* et ceux qui, levant les yeux, lisaient avec effroi : *Quart de portion,* n'étaient pas les moins nombreux.

Depuis le combat du 24 mars, on vit les miguélistes travailler à couvert, et fortifier avec un grand zèle une hauteur dite Monte-do-Covello. Cette position était en avant de leur front, et pouvait nous être extrêmement nuisible à cause de sa proximité de nos lignes. Le Monte-do-Covello en était éloigné seulement d'environ cinq cents pas ; il touche au village de Paranhos, dont il domine l'entrée. Il est vraiment singulier que les miguélistes n'aient pas entrepris plus tôt de fortifier ce point; le combat du 24 mars paraît cependant leur avoir fait sentir l'importance d'y construire une redoute. Ils y travaillaient alors avec activité, mais seulement pendant la nuit, pour n'être point remarqués, et il s'éleva insensiblement un ouvrage fortement palissadé, masqué en partie par l'inégalité du terrain et par le village à proximité. Le maréchal Solignac résolut enfin d'attaquer ce poste, et, s'il ne pouvait pas le conserver, d'en détruire au moins les travaux. Après avoir examiné de plus près, dans une reconnaissance, ce nouveau point d'appui de notre infatigable ennemi, il répondit à quelques doutes qu'on élevait sur la réussite de l'entreprise : « Ce point doit être à nous, coûte qui coûte! » Le 9 avril au soir, un corps d'élite sortit de nos lignes, et gravit la montagne, sous la protection d'un feu violent de nos batteries; mais avant d'en venir aux mains il éprouva de grandes pertes par le feu bien dirigé de l'ennemi, posté derrière ses retranchemens.

L'attaque fut bien ordonnée : malgré une résistance opiniâtre, nos troupes s'emparèrent de la redoute, tournèrent les canons de l'ennemi contre lui-même, et elle resta en notre pouvoir. Pendant la nuit arrivèrent des renforts considérables, tellement que les miguélistes, qui le lendemain tentèrent de reprendre le poste, furent repoussés après un combat très-vif. Dans ces deux jours, nous eûmes trois cent cinquante hommes tués ou blessés. Le second jour, la perte de l'ennemi ne doit pas non plus avoir été insignifiante. On fit en outre quelques prisonniers, et les avantages que nous avions obtenus amenèrent aussi quelques déserteurs de l'ennemi.

Depuis ce moment, les affaires furent assez languissantes, et il arriva peu de choses qui méritent d'être rapportées, si ce n'est la mésintelligence continuelle entre l'amiral Sartorius et la régence : une paix fut cependant à la fin conclue, et l'amiral fut rétabli dans son commandement, qu'on ne lui avait ôté que nominalement. Parmi les officiers anglais, les querelles, les intrigues, les jalousies continuaient toujours d'une manière déplorable; ce qui était d'autant plus fâcheux, que les mauvais traitemens qui, plus que jamais, pesaient sur les troupes auxiliaires, rendaient l'union nécessaire entre leurs officiers; mais la pomme de discorde était tombée au milieu d'eux, et la régence ne négligea pas de mettre à profit leur désunion. De déplorables mésintelligences amenèrent alors la retraite du major Brownson, et quinze officiers sous ses ordres présentèrent en même temps leurs démissions : elles furent acceptées à l'instant même, au grand regret de plusieurs qui n'avaient pas pu s'imaginer que la régence voulût consentir au départ de tant d'officiers; elle eut de plus le bon esprit de n'admettre aucune demande ultérieure de réintégration. Le major Brownson fut vivement regretté par ses soldats, qui avaient espéré, de ses représentations à la régence, le redressement de leurs griefs, et, peu de jours avant, lui avaient remis un exposé de leurs plaintes (1).

Par nos pertes sur le champ de bataille, par la désertion, par les maladies et le régime des

(1) Cette pièce n'est pas sans intérêt, et plusieurs passages sont remarquables par leur naïveté. Après les plaintes accoutumées sur la misère cruelle qu'ils avaient à supporter, ils concluent ingénument par ces paroles : « Nous espérons que vous peserez ce que nous vous avons écrit, car nous éprouvons de grands besoins; nos rations ne suffisent pas pour les satisfaire; et si on ne remédie pas à nos maux,

hôpitaux, les rangs des Anglais étaient considérablement éclaircis ; aussi saluâmes-nous avec joie l'arrivée du colonel Dodgin, qui, le 2 juin, nous amena un régiment complètement équipé et pourvu de ses officiers. Le rang élevé et la carrière brillante de ce militaire, dans l'armée anglaise, faisaient croire qu'on lui conférerait au plus tôt un commandement important; mais cette attente ne fut pas remplie, et le vœu du maréchal Solignac dut céder encore cette fois devant la haine personnelle de don Pedro contre les Anglais. Vu le haut grade dont le colonel Dodgin était revêtu au service britannique, beaucoup de gens s'étonnèrent qu'il eût accepté un commandement dans une armée formée d'un pareil assemblage; mais la cause doit en être attribuée, pour lui comme pour d'autres, à un dérangement de fortune. Il fut envoyé à Lordello avec son régiment, qui, par les soins infatigables

nous devons chercher d'autres moyens. Traitez-nous comme des hommes, et nous nous comporterons comme des hommes. Nous ne voulons pas déserter; nous sommes venus ici combattre pour dona Maria, et nous voulons soutenir sa cause; mais *peu importe pour qui nous combattons;* nous sommes venus ici pour améliorer notre position, et elle est devenue beaucoup plus mauvaise. »

de son chef, et avec une promptitude que l'on aurait peine à croire, fut mis sur un pied réellement admirable, et devint bientôt un des corps les plus distingués de l'armée.

Avec le colonel Dodgin débarqua aussi, le même jour, le capitaine Napier : l'amiral Sartorius, maltraité jusqu'alors, quitta à l'instant, et Napier prit sa place. Le combat du cap Saint-Vincent, qui eut lieu peu de temps après, releva le courage abattu des défenseurs d'Oporto. Profondément indigné de sa position, des continuels empiétemens de don Pedro sur son commandement, et du manque d'égards pour ses plus pressantes remontrances, le maréchal Solignac donna sa démission, et fut remplacé le 13 juin, dans le commandement suprême, par le général Saldanha.

III.

Suite du siége. — Attaque infructueuse de Bourmont.

Peu après le départ de Solignac, une expédition mit à la voile pour les Algarves, sous les ordres du duc de Terceire, et débarqua heureusement, à la fin de juin, dans le voisinage de Villareal. L'expédition se composait d'environ quatre mille hommes; elle n'éprouva presque aucune résistance, et, après la prise de quelques postes, se dirigea, le long de la côte, sur Lisbonne. L'incapacité absolue des chefs miguélistes pouvait seule donner des chances de réussite à cette marche. Le duc de Cadaval, qui commandait dans la capitale, ne sachant comment se tirer d'affaire dans cette circonstance nouvelle, évacua la ville, et couronna ainsi, d'un succès inespéré, cette tentative hasardeuse. La prise de Lisbonne par le duc de Terceire était un coup funeste, bien que non irréparable, porté à la cause de don Miguel. La nouvelle en fut accueillie avec enthousiasme par les assiégés d'Oporto; mais, sur ces entrefaites, Bourmont ayant pris le commandement de l'armée de don Miguel, on éprouva de nouvelles craintes sur l'issue de la lutte. Bourmont avait amené d'habiles officiers, Clouet, d'Almer, Brassaget, Puisieux, ses propres fils, et le chevaleresque chef vendéen La Rochejaquelein, que j'aurais du nommer avant tous. Pendant le mois de juillet, il y eut beaucoup de petits combats, mais on y attacha peu d'importance, car on savait que Bourmont préparait une dernière attaque désespérée contre Oporto. Tous les esprits étaient dans une vive anxiété; don Miguel rassemblait toutes ses ressources; et de notre côté nous ne négligions rien pour repousser l'attaque dont nous étions menacés.

Le 25 juillet au matin, avant l'aurore, des masses épaisses de l'ennemi s'ébranlèrent et assaillirent au même instant, à l'improviste, plusieurs points de notre ligne. Nos avant-postes furent en partie coupés; cette attaque brusque, exécutée avec résolution, montra clairement qu'une action décisive s'engageait, et que, de son résultat, quelque fût le parti pour lequel se déclarât la victoire, dépendraient vraisemblablement le sort futur du Portugal et la possession de la couronne de ce royaume. Des fusées s'élevaient de toutes parts dans le camp ennemi, et annonçaient aux miguélistes de l'autre rive du Duero que l'heure de l'attaque avait sonné. Toutes leurs batteries, placées sur les hauteurs faisant face à nos lignes, commencèrent à la fois un feu épouvantable; les ombres de la nuit n'étant pas encore entièrement dissipées, ces canons lançant la foudre, ces traces lumineuses d'un nombre incalculable de bombes et de fusées se reflétant sur les eaux du fleuve, offraient un spectacle vraiment sublime. Nos pièces ne restaient pas oisives, une batterie répondait à une autre, et les détonations assourdissantes de l'artillerie répandaient une affreuse terreur chez les malheureux habitans de la ville.

Les trois points principaux sur lesquels l'ennemi dirigeait ses efforts, étaient : la batterie de la Maison-Rouge et la route de Valongo, Lordello, et l'espace ouvert en avant de la batterie de Saldanha, ainsi que les flèches et redoutes qui servaient à lier ces mêmes points entre eux. Les miguélistes attaquèrent avec une fermeté qui eût fait honneur aux plus vieilles troupes de l'Europe, mais ils furent écrasés par une grêle de mitraille qui répandit la mort dans leurs masses. Sur les trois points indiqués, il n'y avait pas moins de quarante pièces de gros calibre en action ; qu'on y ajoute les fusées à la Congrève et le feu bien dirigé de sept à huit mille mousquets placés derrière des remparts, et on pourra se figurer le carnage qui fut fait dans les rangs des assaillans. Là où le combat était le plus acharné, où le danger paraissait le plus menaçant, partout se trouvait le brave Saldanha. Dans le cours de la journée, les troupes auxiliaires françaises auxquelles on adjoignit un régiment de chasseurs portugais, reçurent l'ordre d'attaquer une division miguéliste qui s'approchait; celle-ci courut à eux en poussant des cris de rage ; les Français hésitant, chancelèrent ; les chasseurs portugais en firent autant, et ainsi s'accrut la confiance de vaincre chez les miguélistes ; ils se jetèrent au milieu de nos troupes, qui prirent aussitôt la fuite, et tombaient par centaines sous leurs baïonnettes.

Par bonheur, Saldanha, d'une hauteur où il s'était placé, remarqua ce qui se passait, et courut arrêter le désordre; dix minutes plus tard, Oporto était perdu. Il rassembla en toute hâte quelque cavalerie portugaise, et avec celle-ci et son état-major, il attaqua l'infanterie miguéliste qui, dans la chaleur de la poursuite, étant elle-même en désordre, se trouvait hors d'état d'opposer de la résistance; des renforts arrivèrent en ce moment, et après un combat très-meurtrier, l'ennemi fut enfin repoussé. Le neveu de Saldanha périt à ses côtés, et plusieurs personnes de sa suite furent blessées. Le jour était déjà fort avancé, et l'attaque durant toujours avec la même vivacité, on commença à concevoir sur son issue des inquiétudes tellement sérieuses, que beaucoup d'étrangers demeurant à Oporto se disposèrent à aller chercher un refuge à bord des vaisseaux stationnant dans le fleuve. Les Ecossais, postés à Lordello, disputaient, pas à pas, le terrain dont la défense leur était confiée. L'ennemi fit de grands efforts pour pénétrer par ce point dans les lignes, et l'action y fut peut-être plus chaude que sur aucun autre. Les miguélistes s'avancèrent jusqu'à la ligne extérieure, où un mur peu élevé, qui en plusieurs endroits n'avait pas quatre pieds de haut, séparait seul les Ecossais de l'ennemi ; ici les exemples du courage le plus signalé furent nombreux des deux côtés ; sur quelques points, des parties de mur ayant cédé, on vit s'y précipiter des combattans isolés, s'acharnant l'un contre l'autre, jusqu'à ce que la force physique, le couteau ou la baïonnette eussent enfin terminé la lutte.

Plus loin, sur la gauche, les miguélistes avaient obtenu un succès; malgré un feu destructeur, ils étaient parvenus jusqu'aux retranchemens, avaient jeté des fascines dans les fossés et emporté d'assaut une petite redoute armée de quelques canons. Déjà on entendait leurs cris de victoire, et le feu de nos batteries commençait à faiblir dans cette direction; la redoute enlevée se liait des deux côtés, par des communications couvertes, avec d'autres batteries; et dans celles-ci s'engagea un combat de l'opiniâtreté duquel rendirent plus tard témoignage les cadavres qui y étaient amoncelés. Ce fut alors que la cavalerie miguéliste déploya une valeur digne d'admiration. Au moment où la redoute fut prise, le régiment de Fundao s'avança en ligne, culbuta tout devant lui; une partie de ce corps franchit même les palissades et les tranchées, et périt sous le feu de nos batteries, qui la foudroyaient à revers. Mais cet acte de bravoure fut inutile; un corps de réserve arriva en bon ordre, et, de concert avec un détachement d'Anglais commandé par le capitaine Richardson, reprit la redoute, dont les fossés étaient, à la lettre, comblés de morts et de mourans.

Sur plusieurs points du champ de bataille, on vit les chefs miguélistes exciter l'ardeur de leurs troupes avec un courage vraiment remarquable. La Rochejaquelein était partout, jusqu'à ce qu'enfin il tomba de cheval, grièvement blessé. Le comte Louis de Bourmont combattit dans les tranchées, ainsi qu'un autre officier étranger, que l'on a su depuis être le capitaine Onslow, au service de don Miguel, et qui se fit remarquer par la bravoure la plus éclatante. Vers la fin du jour, Bourmont opéra sa retraite; et il est à peine douteux que s'il eût continué l'attaque encore quelque temps, avec la même vigueur qu'il l'avait entreprise, Oporto serait tombé en son pouvoir; mais le destin en avait ordonné autrement.

Il est presque impossible d'évaluer, avec une exactitude même approximative, la perte des deux côtés. On crut cependant généralement que celle des miguélistes ne pouvait guère avoir été au-dessous de 4,000 hommes, tandis que la nôtre se montait à un peu plus du quart de ce nombre; mais tout cela est fort incertain.

Je n'ai plus que quelques mots à ajouter, car les évènemens ultérieurs appartiennent à l'histoire générale. L'intervention de trois puissances étrangères, et leur détermination unanimement exprimée dans le traité connu de la quadruple alliance, mirent fin à la lutte. Une de ces trois puissances fit entrer des troupes en Portugal, et décida ainsi, selon son bon plaisir, du sort de ce pays. Depuis lors, on dépouilla le parti vaincu de tout ce qu'il possédait, pour récompenser ses ennemis. Au nom de la liberté et de la justice, l'égoïsme ne connut plus de bornes; les prisons se remplirent de victimes politiques contre lesquelles ne s'élevait pas la moindre accusation. On se laissa tellement entraîner par la passion de la vengeance et par celle de la rémunération, qu'en moins de dix-huit mois, la moitié de toutes les propriétés passa en d'autres mains.

L'ARMÉE ESPAGNOLE

ET LES TROUPES CARLISTES.

L'ARMÉE ESPAGNOLE

ET LES TROUPES CARLISTES (1).

Il n'y a peut-être pas au monde de plus belles troupes que les troupes espagnoles. J'ai bien vu,

(1) Cette Notice est empruntée à la *Gazette universelle*, qui elle-même l'a prise dans un écrit publié cette année (1835) à Londres, sous le titre de : *Recollections of a few days spent with the queens army in Spain, in sept.* 1834. (Souvenirs de quelques jours passés à l'armée de la reine en Espagne, en septembre 1834). Nous en faisons part à nos lecteurs, parce qu'elle donne l'explication de beaucoup de circonstances de la guerre qui dure encore dans la partie septentrionale de l'Espagne. (*Note du rédacteur de la* Gazette militaire universelle.)

dans d'autres pays, des militaires ayant le port aussi noble et les traits aussi réguliers, mais nulle part, ailleurs que dans la Péninsule, les portraits de Van-Dyck, ne se sont offerts en réalité à mon imagination. Le contour admirable des figures grecques, le front élevé des têtes royales, le visage pâle et réfléchi, les yeux grands, noirs et mélancoliques : tout cela signale les officiers espagnols comme une race toute particulière. Leurs sourcils et leurs moustaches contribuent à rendre la ressemblance encore plus frappante ; on n'en voit point ailleurs de plus remarquables par leur beauté, qui soient plus agréablement dessinés et tenus avec plus de soin. Une telle expression de physionomie annonce ce caractère auquel, en Angleterre, nous attachons l'idée de l'esprit ; aussi, à ma première rencontre avec des Espagnols des classes élevées, je m'attendais à trouver chez eux une éducation intellectuelle poussée à son plus haut point de perfection. Je fus cependant amèrement trompé. L'intérieur n'était, sous aucun rapport, en harmonie avec l'extérieur, et leurs facultés intellectuelles, même en tenant compte de la rareté des occasions de les mettre en évidence sous un gouvernement soupçonneux, despotique et monacal, étaient extrêmement bornées. Leurs préjugés, suites de leur ignorance, sont nombreux. Ajoutez à cela qu'ils sont infatués d'une jactance, personnelle et nationale, si démesurée, qu'ils peuvent à peine raconter quelque chose sans tomber dans l'exagération; d'où il suit qu'il est extrêmement difficile de tirer d'eux un renseignement quelconque, tant soit peu exact. Dans un entretien que j'eus avec des officiers, en me promenant sur la grande place de Bergara, je fus à même de me convaincre de la justesse de ces observations. Par politesse pour moi, ils parlèrent de l'Angleterre et de l'armée qui était venue au secours de l'Espagne pendant la guerre de l'indépendance. En général, leurs éloges s'appliquaient aux deux armées; mais je fus très-étonné de voir qu'on n'en décernait aucun à celui qui les avait le plus mérités, c'est-à-dire au duc de Wellington. Plusieurs des assistans s'exprimèrent même très-amèrement sur son compte, et l'un d'eux nous régala d'un récit de la bataille de Toulouse, si différent de toutes les relations qui ont été communiquées au parlement ou répandues dans le public, que je veux le rapporter ici. Selon le narrateur, les troupes placées sous les ordres du duc de Wellington, et entrées en France en l'année 1814, étaient connues pour être, non seulement du parti de la Constitution, mais même de celui de la république. Un corps discipliné, de plusieurs milliers d'hommes animés de tels sentimens, était parconséquent, pour la restauration du droit divin, un adversaire redoutable; et comme les légitimistes, gagnant alors de la prépondérance, ne pouvaient pas être disposés à souffrir des rivaux toujours portés à contrecarrer leurs projets, le duc reçut l'ordre de se défaire d'eux à *tout prix*. Jamais l'envoi de quelques milliers d'hommes dans l'autre monde n'a souffert moins de difficultés; or, comme le seul moyen légal d'opérer en bloc une telle effusion de sang, était une bataille, le gracieux duc, voulant apparemment se rendre agréable à ses hauts patrons, marcha sur Toulouse, et les malheureux Espagnols, nouveaux Uries, placés en première ligne, furent sacrifiés, ainsi qu'il avait été ordonné. Cette histoire fut racontée du plus grand sérieux, et l'auditoire espagnol parut y ajouter foi. Je cite ce fait, seulement pour prouver combien on doit être ignorant dans un pays où d'aussi monstrueuses absurdités ne sont pas repoussées, au premier abord, par l'opinion publique.

L'armée employée, dans les quatre provinces,

contre les carlistes se composait (1834) de trente-cinq mille hommes. Sur ce nombre, quinze mille formaient les garnisons, et vingt mille étaient consacrés au service actif. Ils étaient répartis en cinq divisions. La première, sous Espartero, occupait la Biscaye; la seconde, sous Lorenzo, était en Navarre; la quatrième, sous Jaureguy (El Pastor), tenait dans l'obéissance le Guipuscoa; la troisième et la cinquième, sous les généraux Cordova et Bedoya, formaient l'armée du général en chef Rodil. L'opinion que j'avais conçue de ces troupes, au premier aperçu, n'était, je l'avoue, rien moins que favorable. Accoutumé à jouir du spectacle de notre brillante garde dans Hyde-Park, je vis ici les Espagnols misérablement vêtus, sans souliers, sans bas, sans sacs; il leur manquait une infinité de choses indispensables pour donner l'air militaire à l'uniforme. J'avais à peine marché quelque temps avec eux, que mes premières impressions s'évanouirent, et je considérai l'homme plus que l'habillement. L'homme, pris individuellement, est grand, fort, bien bâti, sobre, patient et docile. La discipline est bonne et l'armement dans le meilleur état. Quant aux vertus guerrières de ces soldats, on en parle très-diversement, et je dois avouer que les faits d'armes sans nombre que j'ai entendu raconter et dans lesquels, après des combats de plusieurs heures, toute la perte se montait à six ou sept blessés et autant d'égarés, ne me donnèrent pas précisément une haute idée de leur ardeur à se mesurer avec l'ennemi. Je dois cependant ajouter que tous les officiers étrangers auxquels j'en parlai, exaltaient infiniment leur courage, et pensaient qu'ils n'avaient besoin que d'être mieux commandés pour être comptés parmi les troupes de premier ordre. Les Italiens dans les armées de Napoléon, les Portugais et les Cipayes dans les armées anglaises, sont peut-être la meilleure preuve que la conduite du soldat sur le champ de bataille ne résulte pas tant de son propre caractère, que du bon esprit et de la bravoure de ses chefs. Ces qualités manquaient, disait-on, aux officiers espagnols, et des causes physiques avaient encore contribué à faire mieux ressortir leur incapacité. La plupart de ceux que je vis, dans les corps de Rodil et de Jaureguy, étaient des hommes d'un âge assez avancé, qui avaient été faits prisonniers dans la première guerre de la Péninsule. Ils retournèrent dans leur patrie en l'année 1814, et leurs principes ayant inspiré de la défiance à Ferdinand, rétabli dans son pouvoir absolu, ils furent obligés, ou de quitter l'Espagne, ou de se contenter de la demi-solde. Les officiers appartenant à ces deux classes, en leur qualité de martyrs de leurs croyances politiques, s'étaient adressés à la régence formée en 1833, et en conséquence du double principe de la reconnaissance et de l'intérêt, avaient été réintégrés dans leurs grades précédens. Mais des années s'étaient écoulées; les lieutenans de vingt ans étaient encore lieutenans à quarante, et cela dans une guerre qui, plus que toute autre, exigeait une vigueur et une activité que leur âge et leurs forces physiques ne leur permettaient pas de déployer. Par pitié pour leurs infirmités, le gouvernement avait accordé des chevaux aux officiers les plus âgés, même dans les grades les plus inférieurs; mais comme il était impossible d'établir une distinction exacte entre ceux à qui leur faiblesse corporelle pouvait donner le droit de prétendre à cette faveur, et ceux qui n'étaient pas dans le même cas, l'autorisation d'avoir des chevaux fut générale. Cependant, avec cette permission, leur traitement ne fut pas augmenté; et comme la chétive paye d'un officier espagnol ne suffit pas pour entretenir plus d'un cheval, nécessaire pour porter son bagage, on chargeait le pauvre animal d'un double fardeau, et l'officier, comme une vieille femme allant au marché entre deux paniers d'œufs, se plaçait accroupi sur sa selle de bât. Rien au monde ne pouvait donner à une troupe une physionomie moins militaire que cette coutume; elle ne contribua pas peu à ridiculiser les officiers aux yeux de leurs soldats, au lieu de les rendre propres à les ranimer par de bons exemples dans les momens où ceux-ci seraient épuisés et découragés. Beaucoup d'officiers espagnols étaient porteurs de décorations; plusieurs en avaient deux, et je me souviens d'un lieutenant qui en avait trois. On lui en avait donné une, si je ne me trompe, pour avoir été fait prisonnier et conduit en France. Cependant il me semble que mes oreilles m'ont induit en erreur, car lorsqu'un gouvernement récompense ses troupes pour s'être laissées battre, on comprend difficilement quel moyen d'émulation il peut employer dans l'occasion pour les exciter à vaincre.

En regard des forces militaires du gouvernement constitutionnel, les carlistes avaient (1834) environ 14,000 hommes de troupes choisies, parfaitement bien armées et disciplinées, sous les ordres de Zumala-Carreguy, Eraso et Zavala. Il y avait en outre deux ou trois corps, chacun de 1000 à 1200 hommes, commandés par Guibelalde, Iturriso et autres chefs, non compris les nombreuses bandes de guerillas qui, établies dans chaque village, servaient la cause de leur parti, en barricadant les chemins et coupant toutes les communications. De ce que la force numérique du parti légitimiste ne s'élevait pas plus haut, le manque d'armes seul en était cause, car l'enthousiasme pour don Carlos était si grand, que je ne fais aucune difficulté d'affirmer que les dix-neuf vingtièmes de la population, en dehors des murailles des places fortes, comptaient au nombre de ses partisans. Il était difficile de juger des intentions des habitans des villes occupées par les troupes de la reine, attendu que toute manifestation de propension au carlisme était suivie de mort ou d'incarcération. Il en résultait que les habitans étaient forcés de montrer une inclination unanime pour une cause contre laquelle un grand nombre éprouvait très-vraisemblablement la plus grande aversion. Dans les premiers temps de la guerre, les royalistes évitaient soigneusement toute rencontre, en rase campagne, avec leurs adversaires, parce qu'ils savaient bien que la discipline des troupes de la reine et leur supériorité dans les manœuvres leur assuraient des avantages contre lesquels le nombre seul était impuissant. Ils adoptèrent en conséquence le même système de guerre qu'ils avaient mis à l'épreuve, avec tant de succès, pendant celle qu'ils eurent à soutenir contre Napoléon, et que leurs mœurs ainsi que la configuration du pays les portaient à suivre comme le plus avantageux. Conformément à ce principe, ils se bornèrent à enlever des postes, à couper des convois, à prendre des courriers, à isoler ainsi complètement les différens corps de l'armée constitutionnelle, et à les tenir dans une égale ignorance des mouvemens de leurs amis et de leurs ennemis. Enhardis par le succès, ils s'écartèrent peu à peu de cette grande circonspection qui avait présidé à leurs premières entreprises, et commencèrent à risquer des attaques contre le gros des forces de la reine. Montés sur les rochers suspendus sur les routes, ou embusqués dans les défilés couverts de bois, ils fusillaient les troupes qui s'y trouvaient engagées. Cette manière, en apparence peu glorieuse, de faire la guerre, fut extrêmement nuisible aux christinos. Pendant le cours de deux mois, à la fin desquels j'arrivai près de Rodil, les troupes de la reine avaient perdu, au moyen de pareilles attaques, et dans des escarmouches insignifiantes, pas moins de quatre-vingts officiers. Dans l'occasion, c'est-à-dire quand une circonstance favorable se présentait, les carlistes devenaient plus audacieux; lorsqu'on les croyait bien loin, ou rassemblés en petit nombre, ils surprenaient les corps isolés de l'ennemi avec une supériorité de forces qui rendait la fuite ou la résistance impossibles. De semblables surprises causèrent les défaites du corps de Quesada et de l'avant-garde de Lorenzo. Dans les deux cas, l'attaque des légitimistes fut tout à fait inattendue. La dispersion d'un de ces corps et la destruction de l'autre, presque sans aucune perte du côté des vainqueurs, prouvent combien ces entreprises avaient été habilement calculées. Ces heureux résultats étaient dûs au talent, que j'appellerai le don de la combinaison, sans lequel il n'y a pas de succès à espérer à la guerre, et qui présidait à leurs opérations, en les réglant d'après la connaissance du pays, l'aptitude des troupes à supporter les fatigues, et l'exactitude des renseignemens qu'on se procurait. Elle devait bien connaître le pays, cette armée en grande partie composée de pâtres et de contrebandiers, que leur profession avait mis à même d'explorer exactement chaque sentier des montagnes; et c'était un avantage immense pour leur général, soit qu'il voulût marcher en avant, soit qu'il fût dans le cas de faire un mouvement rétrograde. Leur endurcissement aux fatigues n'était pas moins remarquable, tellement qu'il serait resté incroyable pour moi, si je ne m'étais mis en mesure de recueillir, de différens côtés, des renseignemens tout à fait concordans à cet égard. Il me fut ainsi affirmé, à plusieurs reprises, que Zumala-Carreguy faisait souvent des marches de cinquante milles anglais en un jour; que la garde de don Carlos, dans la circonstance où il se trouva si près d'être pris par Jaureguy, avait fait, en vingt-quatre heures, cinquante à soixante milles; elle dut même, sur la fin de cette traite, marcher d'un pas très-accéléré; car, lorsqu'elle arriva aux environs de Tolosa, El Pastor et les troupes trop fatiguées qui la poursuivaient étant entrés dans la ville, celles de la garnison furent envoyées pour continuer la poursuite. Mais ces troupes fraîches ne purent parvenir à atteindre les fantassins éprouvés de la garde du prince, et s'en revinrent deux heures après. L'armée espagnole constitutionnelle n'était nullement en état de lutter contre des facultés physiques aussi extraordinaires, quelque supériorité qu'elle eût elle-même, dans la marche, sur les autres troupes européennes. En supposant que les qualités physiques de ses soldats eussent été absolument égales à celles de ses adversaires carlistes, il aurait fallu encore qu'elle eût pu avoir sur eux la supériorité des mouvemens, attendu que les légitimistes, vu leur agilité, pouvaient échapper aux meilleures troupes de leurs ennemis, et trouvaient, partout sur leur chemin, un asile pour leurs soldats fatigués, dans les habitations des paysans, qui tous leur étaient dévoués, tandis que les christinos étaient obligés de marcher en rangs, d'un pas incertain, à l'instar des invalides les plus écloppés, tout traînard qui ne se trouvait plus sous la protection de ses camarades, étant immanquablement assassiné. Même dans le Guipuscoa, pays ouvert où de pareilles attaques sont moins à craindre, j'ai vu l'arrière-garde faire halte plus d'une fois pour laisser à quelques soldats le temps de se désaltérer dans un ruisseau, sans être exposés au danger de rester quelques momens en arrière.

Quand je considère cette agilité incroyable et le dévouement des Basques, je suis très-porté à révoquer en doute toutes les nouvelles de pertes importantes éprouvées par les carlistes, aussi longtemps qu'ils borneront leurs opérations au terrain coupé des quatre provinces. Dans le cas où Zumala-Carreguy serait amené à une action générale dont il n'aurait aucun espoir de sortir vainqueur (ce qui n'est pas vraisemblable, attendu que par l'extrême mobilité de ses troupes, il est en mesure de choisir son terrain, et de ne se laisser engager dans un combat que quand il sera le plus fort), il lui suffira, le jour où on marchera contre lui, de disperser ses troupes et de les envoyer, dans mille directions différentes, occuper les défilés voisins, où, grâce à une vélocité que ne comportent ni l'habillement ni les habitudes des troupes régulières, elles seront en quelques minutes à l'abri de toute poursuite, et se réorganisant de nouveau dans leurs fortes positions, reparaîtront, vingt-quatre heures après, plus redoutables que jamais. L'armée constitutionnelle n'a pas de pareils moyens de salut à sa disposition, en cas de revers ; son existence dépend de sa réunion en masse ; une fois rompue, elle serait promptement et immanquablement exterminée en détail. Une autre circonstance très-favorable aux généraux carlistes, est l'exactitude des nouvelles qu'ils reçoivent, et la facilité avec laquelle ils sont en état de faire parvenir immédiatement des ordres aux chefs inférieurs des corps détachés. L'une et l'autre sont également refusées aux christinos. Ils ne manquaient cependant pas de nouvelles, car qui paie bien trouve toujours des espions, et on disait que Rodil payait chaque nouvelle une once d'or; mais ses officiers se plaignaient de ce que l'on ne pouvait pas s'y fier, et quand bien même ces renseignemens eussent été reconnus exacts, le général en chef eût été dans l'impossibilité d'en tirer avantage pour combiner un mouvement, parce que les ordres ne pouvaient être envoyés aux généraux des corps détachés, que sous la protection de fortes escortes, qui étaient souvent battues et repoussées, même lorsqu'elles se composaient de cent quatre-vingts hommes, et qui, lorsqu'elles parvenaient à échapper, ne pouvaient marcher que de jour, et seulement à pas de tortue. Les carlistes se trouvaient dans une position toute différente. Par l'intermédiaire des paysans, influencés par leurs prêtres, qui les menaçaient de la damnation éternelle s'ils négligeaient le moins du monde de contribuer au succès de la cause de leur souverain, arrivaient au quartier-général de Zumala-Carreguy les rapports les plus exacts sur les mouvemens de l'armée de la reine, tandis que les dépêches, au lieu d'être transmises par des voies lentes, en suivant les routes et avec une escorte d'infanterie, volaient à tir d'ailes, par le pays, dans toutes les directions, comme anciennement, du temps de la guerre dans la haute Ecosse. Le porteur d'une pareille dépêche partait, et se hâtait aussi vite que possible. Il était autorisé, lorsqu'il se trouvait trop fatigué, à remettre le paquet au premier paysan, à pied ou à cheval, qu'il rencontrait ou qu'il trouvait dans sa cabane ou dans les champs, et celui-ci devait à son tour, tant était grande la crainte inspirée par les moines, continuer la mission avec la même célérité. De cette manière, il n'était pas rare que les ordres des généraux du parti carliste fissent en une heure seize milles anglais; leurs moyens étaient ainsi décuplés, soit qu'ils voulussent échapper à l'ennemi ou le surprendre. Ils avaient en outre un corps de troupes légères, dont la destination particulière était de suivre ou de précéder l'armée de la reine. Ces troupes occupaient les hauteurs, et par des coups de feu qui leur servaient de signaux, transmettaient les nouvelles avec une promptitude incroyable. Le jour où l'armée de Rodil marcha de Tolosa sur Ascoytia, elles étaient, ainsi que je l'appris plus tard, en pleine activité, et cinq minutes après que nous fûmes entrés dans le ravin par lequel, à environ un mille et demi de Tolosa, la route se prolonge jusqu'à Ascoytia, elles firent leurs signaux d'avertissement. Il en résulta que la bande carliste qui occupait ce bourg, et ceux de ses habitans que leur zèle pour la cause légitimiste pouvaient rendre suspects au général Rodil, eurent le temps de se sauver dans la montagne, et d'y attendre en sûreté le moment de notre départ.

Presque toutes les villes fortifiées au pouvoir des troupes de la reine, à l'exception de Pampelune et de Saint-Sébastien, peuvent être prises, en peu d'heures, au moyen de deux pièces de gros canon, car celles que je vis, telles que Eybar, Bergara, Villafranca et Tolosa, étaient dominées de très-près par des hauteurs, et il en était de même, à ce que j'ai appris, de toutes les autres. Je ne sais cependant pas si les carlistes feraient sagement de diminuer le nombre de ces villes fortifiées, quand bien même cela serait en leur pouvoir, car elles doivent renfermer plus de 15,000 hommes de garnisons, qui, vu les dispositions hostiles des habitans des environs, sont bloquées de fait, et ne peuvent se hasarder de sortir tout au plus à trois cents pas de leurs murailles, si ce n'est en forts détachemens, sans qu'il soit besoin de tirer pour cela un seul soldat des rangs légitimistes. Ces garnisons sortent bien quelquefois et balaient les routes à quelques lieues au loin; mais quoique tout se retire à leur approche, tout revient aussitôt qu'elles ont le dos tourné; et à peine sont-elles rentrées dans la ville, qu'elles y sont tout aussi bien bloquées qu'auparavant (1).

(1) Quoique partisan de la reine, l'auteur de cet écrit rend pleine justice aux carlistes, et son impartialité mérite d'autant plus d'éloges que cette vertu est plus rare. Toutefois, l'auteur aurait bien dû nous expliquer comment il se fait que les carlistes, nés sur le même sol que les christinos, soumis au même gouvernement *soupçonneux*, *despotique et monacal*, devant être par conséquent *aussi ignorans et imbus des mêmes préjugés*, soient cependant, au dire de l'auteur, si supérieurs aux christinos, sous tous les rapports d'organisation, d'intelligence et de bravoure.

(*Note du traducteur français.*)

LE GÉNÉRAL CORDOVA.

LE GÉNÉRAL CORDOVA.

Un correspondant espagnol du *Morning-Herald* donne la biographie suivante du général Cordova, présentement généralissime de la reine Christine d'Espagne :

« Cordova est aujourd'hui le matador de l'armée espagnole. Un homme important, bien en état de le juger, l'a nommé, m'a-t-on dit, le *Bonaparte de l'Espagne*. Sans admettre qu'il promette de déployer autant de capacités que Napoléon, on doit cependant lui laisser l'honneur d'avoir osé aller en avant, et d'avoir réussi à remporter deux avantages contre des forces supérieures. Ce serait néanmoins trop hasarder que d'assurer qu'il ne sera pas à la fin obligé de céder la place à un autre, comme l'ont fait avant lui Sola, Sarsfield, Quesada, Rodil, Wall, Mina et Valdès. Cordova ne connaît pas encore le service militaire. Dans l'année 1822, il était à Madrid encore simple cadet, et après plusieurs examens, il ne fut pas même jugé capable d'occuper une place de sous-lieutenant. On l'appelait ironiquement le *Doyen des cadets.* Toutes ses démarches pour obtenir un emploi ayant été sans succès, irrité du mépris des examinateurs qui étaient constitutionnels, il se jeta du côté des royalistes, mais il ne servit réellement pas dans l'armée de la Foi. Il se rendit en France, et rentra en Espagne avec le duc d'Angoulême. Plus tard, étant parvenu à s'insinuer dans les bonnes grâces de Ferdinand VII, il fut d'emblée nommé colonel, et bientôt après, maréchal-de-camp. Nonobstant son haut grade militaire, il ne fut pas employé militairement, mais on le chargea de différentes missions diplomatiques, et enfin, peu avant la mort de Ferdinand, il avait été envoyé comme ministre d'Espagne à Lisbonne. Dans ce poste, il se comporta toujours d'une manière très-suspecte. Après la mort de Ferdinand, il fut rappelé, et on fit une enquête sévère sur sa conduite. Le résultat lui fut favorable; et ayant supplié à genoux la reine de l'envoyer commander une brigade à l'armée du nord, sa demande lui fut accordée. Quoiqu'il ait été malheureux en plusieurs circonstances, la reine l'a cependant nommé lieutenant-général. Il est ardent, brave, mais sans expérience. »

FIN.

www.ingramcontent.com/pod-product-compliance
Lightning Source LLC
LaVergne TN
LVHW020347230826
846091LV00003B/1021

* 9 7 8 2 0 1 3 2 8 0 5 4 9 *